For Service & Smiles Company

Learn With Images // Apprenez avec des images

French / English // Français / Anglais

Yinka Amuda

authorHOUSE®

AuthorHouse™
1663 Liberty Drive
Bloomington, IN 47403
www.authorhouse.com
Phone: 1-800-839-8640

Published by AuthorHouse   03/25/2013

ISBN: 978-1-4817-8814-4 (sc)
ISBN: 978-1-4817-8815-1 (e)

Exercise 1/Exercice 1 – Friends/Amis

1. Les deux garçons se disputaient l'un avec l'autre.

   The two boys were quarrelling with each other.

2. La fille et le garçon se guidaient dans les ténèbres.

   The girl and the boy guided each other in the dark.

3. Mandy était une fille belle qui était aimée par toutes ses amies.

   Mandy was a beautiful girl who was loved by all her friends.

4. Vous devriez essayer de garder ce secret entre nous deux.

   You should try to keep this secret between you and me.

5. Becky lui a dit franchement de rendre immédiatement le stylo à encre.

   Becky frankly told him to return the fountain pen immediately.

6.   Ni James ni Sarah ne

m'accompagne.

Neither James nor Sarah is

coming with me.

Exercise 2/Exercice 2 – Home/Maison

 	1. Elle a accroché les tableaux de la reine dans la maison. She hung the pictures of the queen in the house.
	2. On a fait détruire l'horloge qui restait sur la table / L'horloge qui restait sut la table était détruite. The clock which was lying on the table was destroyed.
	3. Vous pourriez vous servir de cette tasse aussi longtemps que vous voudriez. You may use this cup as long as you want.
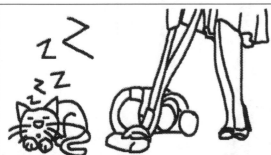	4. Une madame doit prendre soin de son travail domestique. A lady must be careful in her domestic work.
	5. On peut se conduire comme on veut chez soi. One can behave as one likes in one's own home.

6. Il n'a seulement que bâti une maison mais aussi un garage.

He not only built a house but also a garage.

7. « C'est qui en frappant sur ma porte ? -Je suis Jack, madame. »

'Who is that knocking at my door?' 'It's Jack, madam.'

Exercise 3/Exercice 3 – Food/Nourriture

1. Elle boit du vin tous les jours.

   She drinks wine every day.

2. Les serveurs se sont servis aux rafraîchissements d'une manière luxurieuse.

   The waiters partook of the refreshments served on a lavish scale.

3. J'avais pris mon petit déjeuner avant que le monsieur était venu.

   I had taken my breakfast before he came.

4. On ne peut pas manger ce qui se plaît.

   One cannot eat what one likes.

5. L'hermite a du s'entretenir des fruits.

   The hermit had to subsist on fruits.

6. Les deux filles se sont servies.

The two girls helped themselves.

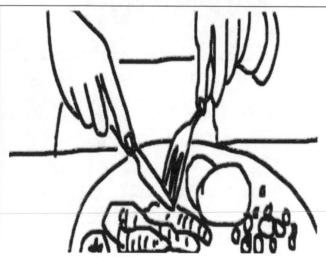

7. La fille mange d'une assiette.

The girl is eating from a plate.

8. Elle les a demandé qu'est-ce qu'ils mangeaient.

She asked them what they were eating.

Exercise 4/Exercice 4 – Opinion/Opinion

1. La femme qu'il aimait était belle.

   The lady whom he loved was beautiful.

2. C'est bon de se passer des boissons alcooliques.

   It is good to abstain from alcoholic drinks.

3. Un homme raisonnable pare à la vieillesse.

   A sensible man provides against old age.

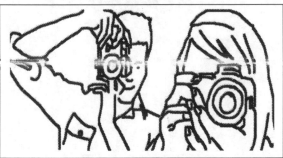

4. Le français est une langue difficile à apprendre.

   French is a difficult language to learn.

5. Les photographes free-lance sont généralement populaires.

   Freelance photographers are generally popular.

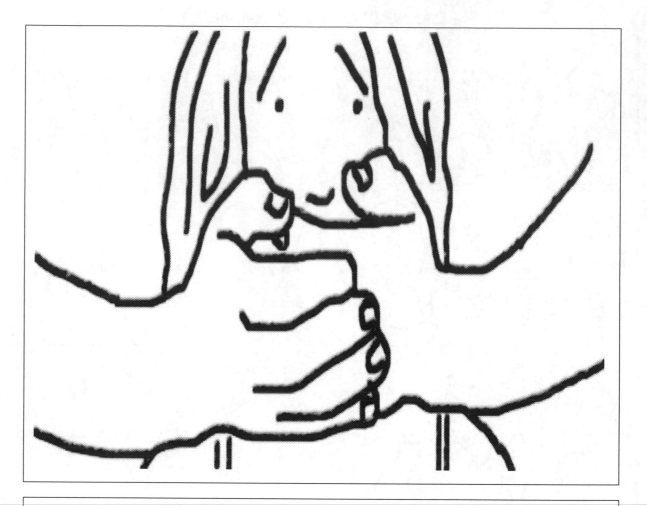

6. Je serai tué et personne ne me sauvera.

I shall be killed and nobody will save me.

Exercise 5/Exercice 5 – Money/Argent

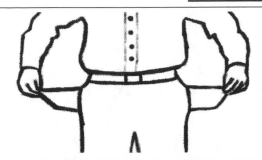	1. L'homme ne pouvait pas payer ce qu'il devait. The man was unable to pay what he owed.
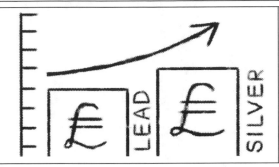	2. L'argent aussi que le plomb est monté en prix. Silver as well as lead has risen in price.
	3. Le prince ne lui a donné seulement que la nourriture mais aussi l'argent. The prince not only gave him food but money also.
	4. Chacune des infermières était condamnée à une amende par le médecin. Each of the nurses was fined by the doctor.
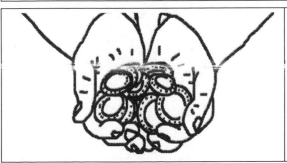	5. Le commerçant a contribué une somme grande vers une cause noble. The trader contributed a large sum towards a noble cause.

6. £500 n'est pas assez pour le projet.

Five hundred pounds is not enough for the project.

Exercise 6/Exercice 6 – Travel/Voyage

1. La fille a essayé de retourner vite.

   The girl tried to return quickly.

2. Christopher Colombus a découvert l'Amérique.

   Christopher Columbus discovered America.

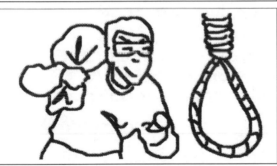

3. Le voyageur était pendu par les voleurs.

   The traveller was hanged by the thieves.

4. L'étranger a la capacité de s'adapter aux circonstances.

   The stranger has the power to adapt himself to circumstances.

5. Quarante milles n'est pas une distance courte.

   Forty miles is not a short distance.

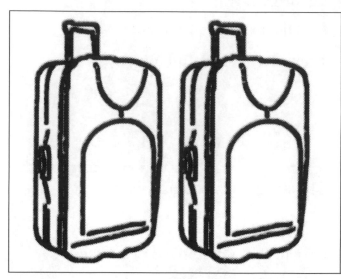

6. Préparez les bagages pour mon arrivée.

   Get the luggage ready for my arrival.

7. La voiture restait à l'arrêt pendant trois mois.

   The car remained stationary for three months.

8. On a fait démonter le bateau.

   The boat was broken up.

Exercise 7/Exercice 7 – Comparison/Comparasion

1. Ceci est le bâtiment le plus vieux de Cardiff.

   This is the oldest building in Cardiff.

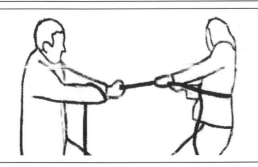

2. De tous les conducteurs il est le mieux.

   Of all the drivers he is the best.

3. Mon frère aussi que ma sœur est gentil.

   My brother as well as my sister is kind.

4. Cette cravate-ci est meilleur que et pas inférieure à cette cravate-là.

   This necktie is better than and not inferior to that necktie.

5. Est-ce que vous êtes plus fort que moi ?

   Are you stronger than me?

6. David est le meilleur joueur.

David is the best player.

7. Il est plus honnête que tout autre

commerçant.

He is more honest than any other trader.

8. Le garçon est aussi courageux que moi.

The boy is as brave as me.

9. Une nappe nouvelle est meilleure qu'une

vielle.

A new cloth is better than an old one.

10. L'homme est plus fort que moi.

The man is stronger than me.

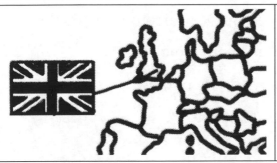

11. La sagesse est préférable à la richesse.

Wisdom is preferable to wealth.

12. L'atelier est pire qu'auparavant.

The workshop is worse than before.

13. La santé est plus importante que la richesse.

Health is more important than wealth.

14. Londres est la plus grande de toutes les cités du Royaume Uni.

London is the largest of all the UK cities.

15. Birmingham est une plus grande cité que tout autre au Midlands.

Birmingham is larger than any city in the Midlands.

16. Je pense qu'Andrew est le meilleur des deux au tennis.

I think Andrew is better of the two at tennis.

17. C'était le coup le plus dur que nous avons jamais supporté.

This was the severest blow we have ever endured.

18. Ni Tom ni John ne vient avec moi.

Neither Tom nor John is coming with me.

19. Il paraît que les garçons sont habillés d'une manière semblable.

The boys seemed to be dressed in a similar manner.

20. Sa robe est plus chère que la mienne.

Her dress is costlier than mine.

21.   La fille danse comme moi.

The girl dances like me.

22.   Ce magasin-ci est plus grand que ce magasin-là.

This shop is larger than that shop.

23.   Muhammad était le boxeur le plus formidable de son époque.

Muhammad was the greatest boxer of his age.

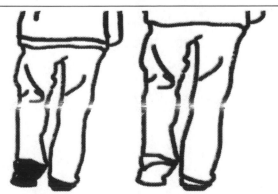

24.   Le fils marche exactement comme le père.

The son walks exactly as the father does.

Exercise 8/Exercice 8 – Education/ Éducation

	1. Ces livres sont utiles pour les étudiants. These books are useful for the students.
	2. Un des livres n'est pas disponible à la librairie. One of the books is not available in the bookshop.
	3. Le propriétaire a dit qu'il garderait l'école ouvert aujourd'hui. The proprietor said that he would keep the school open today.
	4. Beaucoup d'étudiants étaient punis par le professeur. Many students were punished by the teacher.
	5. Il y a trois ans elle étudiait à Londres. Three years ago she was studying in London.

6. Beaucoup de livres restaient sur l'étagère.

Many books were lying on the shelf.

7. La mathématique n'était pas comprise par elle/elle n'a pas réussi de comprendre la mathématique.

Mathematics was not understood by her.

8. Mademoiselle Taylor a rendu le livre qu'elle ne pouvait pas lire.

Miss Taylor returned the book which she could not read.

9. Je m'en assurerai que les devoirs seront faits.

I will see that the homework is done.

10.   Le message du conférencier était verbal pas écrit.

The lecturer's message was verbal not written.

11. Chacun des garçons était bien formé en mathématique.

Each one of the boys was well versed in Mathematics.

12. Elle a enlevé tous les livres sur la table.

She took away all the books on the table.

13. Chacun des vingt étudiants était invité au théâtre.

Each of the twenty students was invited to the theatre.

14. Le conférencier se fâchait avec les étudiants.

The lecturer was angry with the students.

15. Le travail dur est essentiel pour le succès aux examens.

Hard work is essential for success in examinations.

16. Pas un seul élève qui a fait l'école buissonnière n'était retrouvé par le professeur.

No single truant was traced by the teacher.

17. Le châtiment corporel n'est pas permis à l'école.

Corporal punishment is not allowed in the school.

18. Les étudiants étudient les objets corporels dans le laboratoire.

The students study corporeal objects in the laboratory.

19. J'ai réussi mon épreuve le trimestre dernier.

I passed my test last term.

20. Qui est plus intelligent, Tom ou Kenny ?

Who is more intelligent, Tom or Kenny?

21. Juste un seul étudiant est venu en retard la semaine dernière.

Only one student came in late last week.

22. L'élève a commencé de bonne heure afin de ne pas être en retard.

The pupil started early so that he might not be late.

23. Les étudiants dans le laboratoire ne sont pas consciencieux.

The students in the laboratory are not hardworking.

24. Le garçon est absent le vendredi.

The boy is absent on Friday.

25. Aujourd'hui je suis en retard à l'école.

Today I am late for school.

26. Le professeur m'a donné des bons conseils.

The teacher gave me some good advice.

27. Chacun d'eux était loué par la maîtresse.

Each of them was praised by the teacher.

28. Vous devez obliger les garçons à étudier l'extrait.

You must make the boys study the passage.

29. Personne n'était invité à la pièce sauf les conférenciers.

No one was invited for the play except the lecturers.

30. Une série de conférences a été arrangé par le collège.

A series of lectures has been arranged by the college.

31. Chaque fille dans la classe
fera tout son possible.

Every girl in the class will do her
utmost.

Exercise 9/Exercice 9 – Recreation/Leisure/ Récréation/Loisir

	1. Les garçons vont au parc. The boys go to the park.
	2. Paul est toujours joueur à la maison et à la cour de récréation. Paul is always playful at home and on the playground.
	3. Ni les professeurs ni les étudiants ont assisté à la danse. Neither the tutors nor the students were present at the dance.
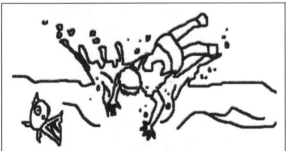	4. Le garçon s'est plongé dans la rivière. The boy plunged into the river.
	5. Les livres comme ça ne devraient pas donnés aux enfants. Such books ought not to be given to children.

6. Viendrai-je à jouer avec vous ?

Shall I come to play with you?

7. Les deux garçons avaient beaucoup de livres.

Both boys had many books.

8. *Gullivers Travels* est très populaire.

Gulliver's Travels is very popular.

9. Linda a un des livres les plus populaires de la librairie.

Linda has one of the best-selling books from the bookshop.

Exercise 10/Exercice 10 – Individual (1st/3rd person)/Individu (Personne 1er/3ème)

	1. C'était moi qui aurais du le faire. It was I who should have done it.
	2. Elle avait honte de ses fautes. She was ashamed of her mistakes.
	3. Pas des cadeaux ne m'ont plaît. I didn't like any of the presents.
	4. Elle devra s'en repentir bientôt. She will have to repent soon.
	5. J'avais vu l'oiseau dans la cage. I had seen the bird in the cage.

6. Quoiqu'il soit pauvre, il est fier.

Though he is poor, he is proud.

7. Sa connaissance de l'anglais est pauvre.

His knowledge of English is poor.

8. Un paquet de livres était reçu par moi /

J'ai reçu un paquet de livres.

A parcel of books was received by me.

9. J'exige que l'on me donne ma

récompense.

I insist on having my reward.

10. On doit prendre soin de ses affaires.

One must be particular about one's

business.

11. Francis n'a résolu que cinq problèmes.

Francis has worked out only five problems.

12. On peut se conduire comme on veut dans sa propre chambre.

One can behave as one likes in one's own room.

Exercise 11/Exercice 11 – Health/Santé

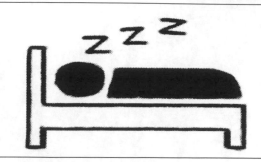	1. Il est endormi depuis jeudi dernier. He has been asleep since last Thursday.
	2. Elle souffre de la grippe d'oiseau pendant une semaine. She has been suffering from bird flu for one week.
	3. Beaucoup de femmes étaient blessées dans l'escarmouche. Many women were wounded in the street fight.
	4. Un des enfants me dit qu'un accident s'est passé. One of the children tells me that an accident has taken place.
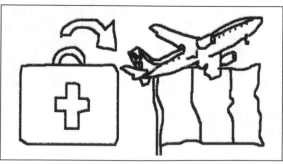	5. Il est un des médecins privés qui sont allés en France. He is one of the private doctors that have gone to France.

6. Le médecin avait à peine tourné le dos quand les infirmières ont crié.

The doctor had scarcely turned his back when the nurses shouted.

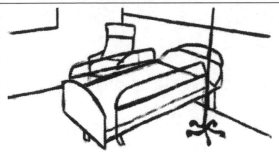

7. L'hôpital a les chambres spacieuses.

The hospital has spacious rooms.

8. Les garçons qui étaient dans l'autobus étaient tués.

The boys that were in the bus were killed.

9. Je suis malade depuis cinq semaines.

I have been sick for five weeks.

10. Dennis a l'air blême, n'est-ce pas ?

Dennis looks pale doesn't he?

11. Le médecin a guéri le patient de son malaise.

The doctor cured the patient of his disease.

12. Le patient va tous les jours à l'hôpital.

The patient goes to the hospital every day.

13. Le médecin s'est occupé de son patient.

The physician attended to his patient.

14. La bataille rangée est toujours épuisante.

Pitched battle is always exhausting.

15. Ma sœur se couche pendant trois heures.

My sister has been lying down for three hours.

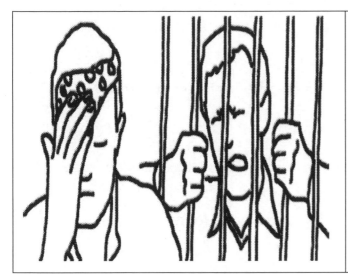

16.   L'un était blessé et l'autre était capturé.

One was wounded, and one was captured.

17.   Le malaise du garçon est incurable.

The boy's disease is incurable.

18.   L'air frais est favorable à la bonne santé.

Fresh air is conducive to good health.

Exercise 12/Exercice 12 – Family/Famille

	1. Les sept garçons s'aimaient l'un et l'autre. The seven boys loved one another.
	2. Votre sœur a beaucoup d'argent. Your sister has a lot of money.
	3. Andrew est l'héritier à un grand domaine. Andrew is the heir to a large estate.
	4. Ses frères plus âgés lui ont montré leur amour. His older brothers showed their love for him.
	5. Mon frère plus âgé m'aide. My older brother is helping me.

6. Le garçon était assis à coté de son frère.

The boy was sitting beside his brother.

7. Ecrirez-vous une lettre à votre mère ?

Will you write a letter to your mother?

8. Le père a une vraie affection pour son fils.

The father has real affection for his son.

9. Ma mère ne l'a pas aimé que je me suis mêlé dans cette matière.

My mother did not like my interfering in that matter.

10.   Elle a rencontré son père en route à la pièce.

She met her father on her way to the play.

11.   Les maris sont partiaux à leurs femmes.

Husbands have a bias towards their wives.

12.   On doit aimer sa propre femme.

One must love one's wife.

Exercise 13 /Exercice 13 – Conversation/Social Occasion/ Conversation/ Occasion Social

	1. Quand irez-vous à la maison ? When will you go home?
	2. Il y a consenti et il consent toujours à votre suggestion. He has agreed and he still agrees to your suggestion.
	3. Il n'a parlé plus. He spoke no further.
	4. Elle dit qu'elle rentrera chez elle le jour suivant. She says that she will go home the following day.
	5. Les nouvelles étaient inquiétantes. The news was alarming.

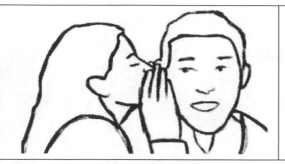

6. Me racontez-vous le conte que vous avez entendu ?

Will you tell me the tale that you have heard?

7. Les deux garçons ont résolu eux-mêmes les problèmes.

The two boys solved the problems of each other.

8. A qui avez-vous raconté les nouvelles ?

To whom did you tell the news?

9. Elle se fâche de moi.

She is angry with me.

10. Les garçons ont dit la vérité.

The boys spoke the truth.

11. Cette affaire reste entre vous et moi.

This matter is between you and me.

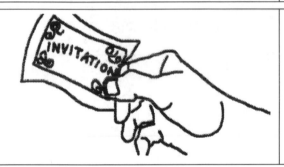

12. Vous et Charles représentez la ville.

You and Charles are representing the town.

13. Je suis ravi d'accepter votre invitation pour le dimanche prochain.

I am pleased to accept your invitation for next Sunday.

14. Pourquoi avez-vous menti ?

Why did you lie?

15. Un de nous doit aller au rendez-vous.

One of us must go to the meeting.

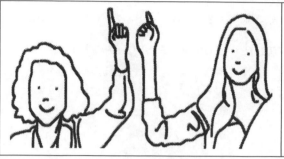

16. Toutes les deux filles étaient présentes.

Both girls were present.

17. La décision reste entre vous et moi.

The decision is between you and me.

18. Je n'irais pas si je serais vous.

I would not go if I were you.

19. Puis-je vous accompagner au théâtre ?

May I accompany you to the theatre?

20. Je désire beaucoup de vous rencontrer.

I have a great desire to meet you.

21. L'homme n'a pas dit qui c'était.

The man did not say who it was.

22. Est-c que vous avez des difficultés de comprendre français ?

Do you have any difficulty in understanding French?

23. Quand viendrez-vous visiter mon jardin ?

When will you come to my garden?

24. Avec qui préférez-vous jouer ?

Whom would you prefer to play with?

Exercise 14/Exercice 14 – Work/Travail

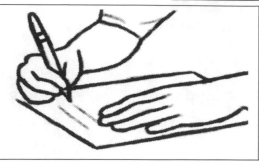	1. L'auteur s'est commis de finir le livre. The Author was bent upon completing the book.
	2. On a admis le dernier apprenti hier. The last apprentice was admitted yesterday.
	3. Le travail dur en plus de la concentration a assuré son succès. Hard work in addition to concentration has ensured his success.
	4. Elle était accusée de négliger son devoir. She was accused of neglect of duty.
	5. Les danseuses préfèrent les vêtements lâches. The dancers prefer loose clothes.

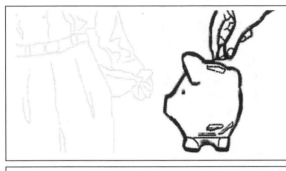

6. La classe ouvrière doit mener une vie économe.

The working class must lead an economical life.

7. L'ouvrier ne travaille pas dans le champ.

The labourer does not work in the field.

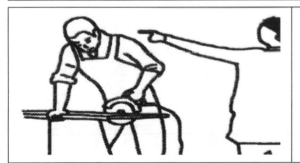

8. Un des menuisiers qui étaient employés a été renvoyé du travail.

One of the carpenters who were employed, has been dismissed from the work.

9. L'apprenti devrait obéir à son maître.

The apprentice should obey his master.

10. La fille était absorbée de son travail.

The girl was absorbed in her work.

11.	Que tout le monde fasse son travail.

Let everyone do their work.

12.	Le monsieur est du jury.

The gentleman is on the jury.

13.	Les vingt infirmières dans la salle se sont aidées l'une et l'autre.

The twenty nurses in the ward helped one another.

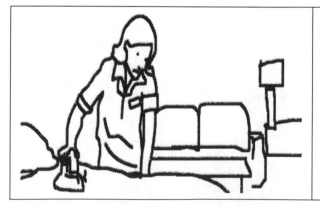

14.	On ne peut que plaindre la pauvre bonne.

One cannot help feeling sorry for the poor maid.

Exercise 15/Exercice 15 – Fact/Fait

	1. Les gommiers se sont laissé tomber les feuilles il y a une semaine. The rubber trees cast their leaves a week ago.
	2. La fille qui est faible a peur des autres. The girl who is weak is afraid of others.
	3. Son écriture était illisible. Her handwriting was illegible.
	4. Une escouade spéciale de police était nommée pour enquêter sur les problèmes. A special police unit was appointed to investigate the trouble.
	5. Edison a inventé l'ampoule moderne. Edison invented the modern electric light bulb.

6. Elle est secrétaire honoraire du club.

She is the honorary secretary to the club.

7. J'ai vu le palmier que la tempête a démonté.

I saw the palm tree which was blown down by the storm.

8. Ceci est un des bâtiments qui étaient construits par l'architecte / Ceci est un des bâtiments que l'architecte a construit.

This is one of the buildings that were built by the architect.

9. Parce que c'était samedi après-midi, les magasins étaient tous fermés.

As it was Saturday afternoon, the shops were all closed.

10. Le maire est l'homme le plus important dans notre région.

The Mayor is the principal man in our district.

11.   Chacune des douze filles était décernée un prix.

Each of the twelve girls was awarded a prize.

12.   *Great Expectations* était écrit par Charles Dickens.

Great Expectations was written by Charles Dickens.

13.   *Gulliver's Travels* était écrit par Swift.

Gulliver's Travels was written by Swift.

14.   Andy n'a tué que trois colombes.

Andy killed only four doves.

15.   Tous ses cheveux étaient noirs.

All his hair was black.